차례

140 + 125 + 254 = 519

전체 MP3
rb.gy/0alpa3

생활영어 패턴영작 + 장소별 여행영어 519
1판 1쇄 2023년 3월 14일 | **지은이** Mike Hwang | **발행처** Miklish
전화 010-4718-1329 | **홈페이지** miklish.com
e-mail iminia@naver.com | **ISBN** 979-11-87158-42-4

snowy [snóui] 눈오는   nervous [nə́:rvəs] 긴장된
obvious [ábviəs] 명백한   urgent [ə́:rdʒənt] 긴급한
competitive [kəmpétətiv] 경쟁적인

1
휘옷
pixabay
2016
1222
carpe
diem

아가씨가 예쁘긴 하지만 배경을 보세요.
그것은 눈이 내린다.

듣기   상태모습   이면

2
집현
2017
0101
새해
첫 일출

제주 성산 일출봉에서 첫 일출을 보지 못할까 봐 새벽 5시부터 너무 긴장 되었어요.
나는 긴장된다.

듣기   상태모습   이면

3
김영민
2017
0117

성경 말씀은 진리임이 분명하다.
그것은 명백하다.

듣기   상태모습   이면

4

구급 상자가 필요한 때
그것은 긴급하다.

5
휘옷
pixabay
2016
0105

그들이 닦아온 모든 것을 보여주는 경주에선 그럴 수밖에 없죠.
그녀는 경쟁적이다.

정답

1 It is snowy.
2 I am nervous.
3 It is obvious.
4 It is urgent.
5 She is competitive.

2

2형식 뒤에 명사 (관련단원: 4)

2

bookworm [bukwə:rm] 책벌레　　**college** [kálidʒ] 대학교
perfectionist [pərfékʃənist] 완벽주의자
optimistic [áptəmístik] 긍정적인　　**beautiful** [bjúːtəfəl] 아름다운

6
위숯
pixabay
2016
1222

옆에 있는 은박지는 무시해줘. 내 방의 절반은 책이다!
나는 한 독서광이다.

누가　상태모습　어떤　　어떤

7
위숯
pixabay
2016
1222

어쩌면 공부를 고3보다 더할지도 몰라요.
나는 한 대학생이다.

누가　상태모습　어떤　　어떤　　어떤

8
위숯
pixabay
2017
0105

다트 하나마저 중심에 맞지 않으면 찜찜해 못 견딜 만큼
나는 완벽주의자다.

누가　상태모습　어떤　　어떤

9
이상진
오래살게
해주세요

이만큼 항상 잘 웃어요.
나는 한 긍정적인 사람이다.

10
손예리
2016
1228

바닥에 떨어진 꽃이 아름다워서요.
그것은 한 아름다운 꽃이다.

정답

6　I am a bookworm.
7　I am a college student.
8　I am a perfectionist.
9　I am an optimistic person.
10　It is a beautiful flower.

3형식 have (관련단원: 8)

3

diarrhea [dáiərìːə] 설사　**personality** [pə̀ːrsənǽləti] 개성
sore [sɔːr] 쑤시는　**throat** [θrout] 목　**unique** [juːníːk] 독특한

11
배가 너무 아픈
나는 설사를 가진다.

누가　　　　한다　　　　무엇을

12
멋진 미소만큼이나
그녀는 한 멋진 성격을 갖는다.

누가　한다　무엇을　무엇을　무엇을

13
눈물이 날 정도로
나는 한 따가운 목을 가진다.

누가　한다　무엇을　무엇을　무엇을

14
급식이 맛있다니
너는 한 독특한 맛(취향)을 가진다.

15
전구가 번쩍 켜지듯
나는 한 아이디어를 가진다.

정답

11 I have diarrhea.
12 She has a great personality.
13 I have a sore throat.
14 You have a unique taste.
15 I have an idea.

4

3형식 다양한 동사 (관련단원: 9)

4

mean [miːn] 의미하다 **trim** [trim] 다듬다 **want** [wɔːnt] 원하다
closure [klouʒər] 종결 **need** [niːd] 필요하다
miss [mis] 그리워하다, 놓치다 **place** [pleis] 장소, 놓다
already [ɔːlrédi] 이미

16
제 표정을 보세요.
나는 그것을 의미한다(진심이다).

누가 　　한다 　　무엇을

17
손예리
2016
1228
무탈하게
살게
해주세요

여기 있는 메주들이 다 손질된 것은 아니라서 (머리를 다듬을 때도 쓰는 표현)
나는 다듬은 것들을 원한다.

누가 　　한다 　　무엇을

18
영업이 끝나면 문이 닫히는 것처럼
나는 종결짓는 것이 필요하다.

누가 　　한다 　　무엇을

19
유은정
2016
12

퇴사 후 엄마랑 떠난 제주여행, 새로운 직업이 필요해.
나는 한 새로운 직업이 필요하다.

20
2014
0829

포항 호미곶의 풍경이 그립네요.
나는 **이미** 그 장소가 그립다.

already.

정답

16 I mean it.
17 I want trims.
18 I need closure.
19 I need a new job.
20 I miss the place **already**.

5

5

someone [sʌ́mwʌn] 누군가　**red-eye effect** [red-ai ifékt] 적목현상
room [ruːm] 방, 공간　**pest** [pest] 해충　**problem** [prábləm] 문제
four [fɔːr] 4인　**feet** [fiːt] 다리

21
휘숯
pixabay
2017
0105

쉿! 조용히 하고 저길 봐요.
누군가가 있다.

누가+상태모습 　　어떤

22
2017
0210

백일 사진을 적목현상으로 망친 황다하
한 적목 현상이 있다.

누가+상태모습 어떤　　어떤　　어떤

23
장호♥
정현
2016
0618
우리의
첫 이사

처음으로 집을 장만하고 텅 빈 공간에서 우리만의 행복을 차곡차곡 채워요♥
공간이 있다.

누가+상태모습 　　어떤

24

바퀴벌레가 들끓는
한 해충 문제가 있다.

25
Stacey
발까지도
닮은
유진자의
힘

한 사람당 두 개의 발
네 개의 발이 있다.

정답

21 There's someone.
22 There's a red-eye effect.
23 There's room.
24 There's a pest problem.
25 There're four feet.

2형식 일반명사 (관련단원: 13)

6

true [tru:] 진실된   **enough** [inʌf] 충분한   **perfect** [pɔ́:rfikt] 완벽한
room [ru:m] 방, 공간   **too** [tu:] 너무   **cold** [kould] 추운

26
김영민
2017
0117
2010
1차
경찰

사무용품이 있는 것이 사실이다.
저것은 사실이다.

누가+상태모습   어떤

27
2009
2차
경찰

이보다 더 많으면 안 돼!
충분한 것은 충분한 것이다.

누가.   상태모습   어떤

28

이렇게 칭찬해보는 것은 어떨까?
저것은 한 좋은 생각이다.

누가+상태모습   어떤   어떤   어떤

29

나노 퍼즐로 만든 모습이 허접해 보여도 나에게는
저것은 완벽하다.

30

이렇게 껴입어도
이 방은 **너무** 춥다.

_____ too _____

정답

26 That's true.
27 Enough is enough.
28 That's a good idea.
29 That's perfect.
30 This room is **too** cold.

the, 일반명사 (관련단원: 15)

7

hiccup [híkʌp] 딸꾹질　athlete [ǽθliːt] 운동선수　color [kʌlər] 색깔
same [seim] 같은　cup [kʌp] 컵　empty [émpti] 빈
floor [flɔːr] 바닥, 층　slippery [slípəri] 미끄러운

31

웃기만 하면
나는 그 딸꾹질들을 가진다.

누가　한다　무엇을　무엇을

32

운동을 많이 해서 발에 핀 곰팡이
그는 운동선수의 발(무좀)을 가진다.

누가　한다　무엇을　무엇을

33

A와 B의 색깔이 달라 보이지만
그 색깔은 그 같은 것이다.

누가　누가　상태모습　어떤　어떤

34

정지원
2016
1218
봉복이
늘 가까이
있기를

물을 다 마셔버린 그 컵은 지금
그 컵은 비어있다.

35

넘어지면 큰일나
그 바닥은 미끄럽다.

정답

31　I have the hiccups.
32　He has athlete's foot.
33　The color is the same.
34　The cup is empty.
35　The floor is slippery.

8

8

소유격, 3형식 (관련단원: 17)

beg [beg] 구걸하다 **pardon** [páːrdn] 용서 **angel** [éindʒəl] 천사
remind [rimáind] 상기시키다 **break** [breik] 부수다 **piggy** [pígi] 돼지
bank [bæŋk] 은행

36
나의
첫차와
내 남자
2017
0115

이번 생일에는 차를 타고 해안도로 드라이브를 하면서 감사함을 느꼈어요^^
그것은 나의 차이다.

누가+상태모습   어떤   어떤

37
이인화
귀여운
(종)꼬찹아

공손한 앞다리, 예쁜 목도리를 봐서 용서해라웅~~ ^^
나는 당신의 용서를 구걸한다.

누가   한다   무엇을   무엇을

38
동물을
사랑
합시다

반려견은 사랑입니다.
너는 나의 천사이다.

누가+상태모습   어떤   어떤

39
유은정
2015
05
앞으로
꽃길만
걷자

대학 시절 못 갔던 유럽 배낭 여행 한 달, 힘들 때마다 추억을 되새기며
저것은 나를 기억나게 한다.

40
이혜경
2017
0102

생일선물로 받은 돼지저금통은 날 충분히 행복하게 해주었다.
나는 내 돼지 저금통을 부순다.

정답

36 It's my car.
37 I beg your pardon.
38 You're my angel.
39 That reminds me.
40 I break my piggy bank.

소유격, 2형식 (관련단원: 18)

9

joy [dʒɔi] 기쁨   dress [dres] 드레스   back [bæk] 등, 뒤로
sore [sɔːr] 쑤시는   homeland [hóumlænd] 고향   life [laif] 삶, 생명
hopeful [hóupfəl] 희망적인

41
김영헌
unsplash
com
커페햇비
원두판매
합니다

누구에게나 기쁨은 있다
너는 나의 기쁨이다.

누가+상태모습   어떤   어떤

42
김영헌
unsplash
com
커페햇비
원두판매
합니다

아이들도 어른처럼 입는 게 유행?
그것은 너의 드레스이다.

누가+상태모습   어떤   어떤

43

갑자기 무거운 것을 들었더니
나의 등이 쑤신다.

누가   누가   상태모습   어떤

44
이인회

대한민국 만세
나의 조국은 한국이다.

45
대천
해변에서
찍은
멋진
일물

일몰의 태양이 희망을 선물하네요.
나의 삶은 희망적이다.

10

2형식과 3형식 (관련단원: 19)

ours [auərz] 우리의 것 **get** [get] 생기다
promotion [prəmóuʃən] 승진, 촉진 **rusty** [rʌ́sti] 녹이 슨
watch [waʧ] 보다, 시계

46

독도는 우리 땅!
그것들은 우리들의 것이다.

누가+상태모습   어떤

47

2잔은 먹어야 잠이 깨는
그것은 나의 커피이다.

누가+상태모습   어떤   어떤

48

부럽지?
나는 한 승진이 생긴다.

누가   한다   무엇을   무엇을

49

녹을 닦아주면 다시 원래대로
나의 영어는 녹슨다(실력이 준다).

50

10년 째 배터리 한 번 안 갈았지만
나의 시계는 좋은 시간을 유지한다.

정답

46 They're ours.
47 It's my coffee.
48 I get a promotion.
49 My English is rusty.
50 My watch keeps good time.

⑪

2형식 과거 (관련단원: 21)

11

move [muːv] 움직이다　fun [fʌn] 재미있는　so-so [souː souː] 그저 그런
dinner [dínər] 저녁식사　very [véri] 아주　typo [táipou] 오타

51

체크 메이트! (과거)
그것은 한 좋은 움직임(행동)이었다.

누가　상태모습　어떤　어떤　어떤

52

어린이들에게는 모든 것이
그것은 재미있었다.

누가　상태모습　어떤

53

새로 나온 수제맥주라서 다 마셔봤는데
그것은 그저 그랬다.

누가　상태모습　어떤

54

모두가 함께한 생일의
그 저녁 식사는 **정말** 좋았다.

very

55

a typ니

네이버TV 추천 목

Stacey
타자
1,000타
중에
반은
오타

오ta
저것은 오타였다.

정답

51 It was a good move.
52 It was fun.
53 It was so-so.
54 The dinner was **very** good.
55 That was a typo.

3형식 과거 (관련단원: 23)

12

dumped [dʌmpt] 버렸다　**made** [meid] 만들었다
forgot [fərgát] 잊었다　**ID** [aidí:] 신분증　**met** [met] 만났다
Mr.right [místər rait] 이상형(남자)　**missed** [misd] 놓쳤다
stop [stap] 멈추다

56

사랑은 변하는 것인가?
그는 나를 버렸다.

누가　　한다　　무엇을

57

이번에도 금메달
네가 그것을 만들어냈다(해냈다).

누가　　한다　　무엇을

58
Stacey
요즘본
구글이
대세

아이디

****

아이디 또는 비밀번호를 다시 확인하세요.
네이버에 등록하지 않은 아이디이거나, 아이디！
앗, 로그인이 안 되나요?

3년 만의 로그인
나는 나의 아이디를 잊었다.

누가　　한다　　무엇을　　무엇을

59

20번을 선 본 끝에
나는 나의 옳은 사람(이상형)을 만났다.

60
이상진
나답게
살자

그렇지만 다른 길 또한 열려있다.
나는 나의 정류장을 놓쳤다.

정답

56 He dumped me.
57 You made it.
58 I forgot my ID.
59 I met my Mr.right.
60 I missed my stop.

13

overslept [óuvərslept] 늦잠잤다　fly [flai] 날다　swear [swɛər] 맹세하다
leg [leg] 다리　hurt [həːrt] 아프다, 아픈　live [liv] 살다
once [wʌns] 한 번

61
통꼬잠어

휴일은 늦잠으로 하루를 시작해옹~~ ^^ (과거)
나는 늦잠잤다.

누가　　　한다

62
손예리
2016
1228

구름이 불새 같이 날아가듯
시간은 날아간다.

누가　　　한다

63

법정에서 다들 하는
내가 맹세한다.

누가　　　한다

64
이안희

터벅터벅 ~~ 산성을 내려가는 내 다리들이 아프다고 투덜거리네요
나의 다리들이 아프다.

65
장현
2016
0911
제주의
메밀밭

한 번 사는 인생이니 일요일에도 늦잠자지 않고 놀러 갔던 날이에요^^
너는 **한 번** 산다.

once.

정답

61 I overslept.
62 Time flies.
63 I swear.
64 My legs hurt.
65 You live once.

14

명령문 (관련단원: 27)

14

use [ju:z] 사용하다   **manner** [mǽnər] 예의   **open** [óupən] 열다
mouth [mauθ] 입   **sue** [su:] 고소하다   **stop** [stap] 멈추다

66

두 손으로 따르는 게 예의
너의 예의를 사용해라.

한다   무엇을   무엇을

67
김영헌
unsplash
com

못생기게 찍히려면
너의 입을 벌려라.

한다   무엇을   무엇을

68
2016
1116
송악산

날씨가 너무 좋은 휴일, 송악산 쪽에서 바라본 산방산이에요.
한 좋은 날을 가져라.

한다   무엇을   무엇을   무엇을

69
이인회
헤징아
사랑해

몰라 몰라 배째라옹~~~~
나를 고소해라.

70
휘슷
Pixabay
2006
1222

인생엔 가끔 기다려야 하는 일도 있는 법이지. 그러니까
그것을 멈춰라.

정답

66 Use your manner.
67 Open your mouth.
68 Have a nice day.
69 Sue me.
70 Stop it.

15 부정 명령문 (관련단원: 29)

push [puʃ] 밀다   selfish [sélfiʃ] 이기적인   waste [weist] 낭비하다
lie [lai] 거짓말   bother [báðər] 신경쓰이게 하다

71
장호
2016
0626
율체
이름도
해바라기
보러 가요

뜨거운 여름에 신랑에게 사진을 빨리 찍으라고 재촉하고 싶었어요.
나를 밀지(재촉하지) 마라.

한다   한다   무엇을

72

나는 옳고 너는 틀리다
이기적으로 굴지 마라.

상태모습   상태모습   어떤

73

콩알만큼만 써도 충분한데
그것을 낭비하지 마라.

한다   한다   무엇을

74
김영헌
unsplash
com

자존심 지키려고 사소한 것에
거짓말하지 마라.

75

누나의 어깨는 비싸
너의 누나를 귀찮게 하지 마라.

 정답

71 Don't push me.
72 Don't be selfish.
73 Don't waste it.
74 Don't lie.
75 Don't bother your sister.

16

4형식 (관련단원: 31)

give [giv] 주다 **try** [trai] 시도하다 **buy** [bai] 사다
present [préznt] 선물, 현재 **show** [ʃou] 보여주다, 공연
next [nekst] 다음 **size** [saiz] 크기
call [kɔːl] 부르다, 전화(하다) **word** [wəːrd] 단어

76

들어갈지는 모르겠지만
그것에게 한 시도를 줘라(해봐라).

한다 누구에게 무엇을 무엇을

77

주는 게 남는 거라니까
나에게 한 선물을 사줘라.

한다 누구에게 무엇을 무엇을

78

신발이 잘 안 맞으니
나에게 그 다음 크기를 보여줘라.

한다 누구에게 무엇을 무엇을 무엇을

79
김영한
unsplash
com

친하게 지내자
나에게 한 전화를 줘라.

80

새끼손가락 고리 걸고 꼭꼭 약속해
나는 너에게 나의 말(약속)을 준다.

정답

76 Give it a try.
77 Buy me a present.
78 Show me the next size.
79 Give me a call.
80 I give you my word.

let [let] 허락하다　prescription [priskrípʃən] 처방전
blood [blʌd] 피　boil [bɔil] 끓다　hair [hɛər] 머리
straightened [stréitnd] 곧게 펴진　passport [pǽspɔːrt] 여권
stolen [stóulən] 훔쳐진　get [get] 생기다　wrong [rɔ́ːŋ] 틀린

81

처방전이 없으면 약을 드릴 수 없습니다.
내가 당신의 처방전을 보게 허락해라.

한다　무엇이　어떻게　무엇을2　무엇을2

82

고혈압이라 자제 중인데
그것은 나의 피를 끓게(화나게) 만든다.

누가　한다　무엇이　무엇이　어떻게

83

가능할지 모르겠지만
나는 나의 머리가 곧아지길 원한다.

누가　한다　무엇이　무엇이　어떻게

84

아무 데나 눴다가
나는 나의 여권을 도둑맞았다.

85

뭔가 이상한데
나를 틀리게(오해하게) 생기지 마라.

정답

81　Let me see your prescription.
82　It makes my blood boil.
83　I want my hair straightened.
84　I got my passport stolen.
85　Don't get me wrong.

18 사역동사 let (관련단원: 35)

let [let] 허락하다　**take** [teik] 가져가다　**nap** [næp] 낮잠
wipe [waip] 쓸다　**bottom** [bátəm] 밑바닥
roller coaster [róulər kóustər] 롤러코스터　**give** [giv] 주다　**big** [big] 큰
hand [hænd] 손　**pour** [pɔːr] 따르다　**drink** [driŋk] 마시다, 음료수

86
Stacey
같이
최고

낮에 자는 잠은 nap
우리가 낮잠을 가지게 허락해라.

한다+무엇이　어떻게　무엇을2　무엇을2

87

우리 아기 또 쌌구나?
우리가 너의 밑(항문)을 닦게 허락해라.

한다+무엇이　어떻게　무엇을2　무엇을2

88
이상진
We
live
only
once

오르막이 있으면 내리막도 있듯이 충분히 인생은 도전해볼 만하다.
우리가 그 롤러코스터를 시도하도록 허락해라.

한다+무엇이　어떻게

89

손을 주는 것은 박수를 주는 것
우리가 그에게 한 큰 손을 주는 것을 허락해라.

90

주고 받는 사이에 싹트는 무엇?
내가 당신에게 한 잔 따르는 것을 허락해라.

정답

86 Let's take a nap.
87 Let's wipe your bottom.
88 Let's try the roller coaster.
89 Let's give him a big hand.
90 Let me pour you a drink.

19

19

진행형 (관련단원: 37)

begging [bégiŋ] 구걸하는 중인 losing [lúːziŋ] 잃는 중인
starving [stáːrviŋ] 굶주리는 중인 stomach [stʌmək] (신체의) 배
growling [gráuliŋ] 으르렁거리는 cellphone [selfoun] 휴대폰
working [wɔ́ːrkiŋ] 일하는 중인

91

일하기 싫어서
나는 너에게 구걸(사정)하는 중이다.

누가+상태모습   어떤   무엇을

92

깊은 산에 들어갔다가
나는 너를 (전화 신호에서) 잃어버리는 중이다.

누가+상태모습   어떤   무엇을

93

이인희
(똥)꼬참
이땅~
긴감에
라똥~

먹고는 싶으나 먹을 수 없는 현실에 내 배가 꼬르륵~~ 하네용~
나는 굶주리는 중이다.

누가+상태모습   어떤

94

감히 넘봤다가는 갈매기 고기가 되겠지만
나의 배는 으르렁거리는 중이다.

95

김영현
unsplash
com

내 손 안의 기계 벌레?
내 휴대폰은 작동하는 중이다.

정답

91 I'm begging you.
92 I'm losing you.
93 I'm starving.
94 My stomach is growling.
95 My cellphone is working.

20

수동태 (관련단원: 40)

self-employed [self implɔ́id] 스스로 고용된
left-handed [left hǽndid] 왼손잡이인 finished [fíniʃt] 끝내진
flattered [flǽtərd] 아부받은 impressed [imprést] 인상받은

96

직업이 사장님이라고 하기에는 부끄러우니
나는 스스로 고용되었다.

누가+상태모습　　　　어떤

97
정현
2016
0506

왼손잡이라서 브이도 왼손으로 ^^
그녀는 왼손잡이다.

누가+상태모습　　　　어떤

98

오늘 일을 내일로 미루지 말고
나는 끝내졌다(다했다).

누가+상태모습　　　　어떤

99

비행기가 날아가듯
나는 과찬 받았다.

100

피오르(빙하가 녹아 만든 계곡)의 멋진 자연경관에
나는 인상 받았다.

21

진행형과 수동태 (관련단원: 41)

done [dʌn] 끝내진   self-served [self səːrvd] 스스로 차려진
paper [péipər] 종이   jammed [dʒæmd] 막혀서 움직이지 않는
drawing [drɔiŋ] 그리는 중인   picture [píktʃər] 그림, 사진
losing [lúːziŋ] 잃는 중인   hair [hɛər] 머리카락

101

성격 차이가 없는 사람도 있나?
우리는 (일이나 관계가) 끝났다.

누가+상태모습   어떤

102
정현
2017
0114
바다처럼
넓은
마음으로
살아 가길

종업원이 없으면 스스로 물을 차려 먹어야 한다.
물은 스스로 차려진다.

누가   상태모습   어떤

103

종이도 아깝고 잉크도 아깝고
그 종이는 꼈다.

누가   누가   상태모습   어떤

104
선으로
그리면
drawing
붓으로
칠하면
painting

이 정도면 수준급
나는 한 그림을 그리는 중이다.

105

머리 빼고는 털 많은
나는 나의 머리카락을 잃는 중이다.

101 We're done.
102 Water is self-served.
103 The paper is jammed.
104 I'm drawing a picture.
105 I'm losing my hair.

22

to+V의 명사 (관련단원: 43)

22

focus [fóukəs] 집중하다   **poop** [puːp] 똥싸다   **mom** [mɑ́m] 엄마
change [ʧeindʒ] 바꾸다   **job** [dʒab] 직업   **hope** [houp] 소망하다

106

돋보기처럼
나는 집중하는 것이 필요하다.

누가   한다   무엇을   무엇을

107

아무 데나 싸면 안 돼요.
나는 똥 싸는 것을 원한다.

누가   한다   무엇을   무엇을

108

김영현
unsplash
com

임신한 이유
나는 엄마가 되는 것을 원한다.

누가   한다   무엇을   무엇을

109

자기가 만든 기업에서 해고됐던 잡스
나는 직업을 바꾸는 것을 원한다.

110

주인님 어디 계세요?
나는 너를 보는 것을 소망한다.

정답

106 I need to focus.
107 I want to poop.
108 I want to be mom.
109 I want to change my job.
110 I hope to see you.

동명사 (관련단원: 45)

23

crying [kráiiŋ] 우는 것, 우는 중인
swimming [swímiŋ] 수영하는 것, 수영하는 중인
recommend [rèkəménd] 추천하다 buying [baiŋ] 사는 것, 사는 중인
giving [gíviŋ] 주는 것, 주는 중인 lip [lip] 입술
service [sə́:rvis] 다른 사람을 편하게 하는 일 doing [dúːiŋ] 하는 것, 하는 중인

111
손에서
손지안
심유준
예쁜
조카놀이
건강하게
잘 자라줘

어느덧 조카 셋, 지안이 100일날. 울지마 준아~~
우는 것을 멈춰라.

112
김영헌
unsplash
.com

뒤로 떠있기만 해도 행복해
나는 수영하는 것을 사랑한다.

113
영어
제급이
깊은
사회를
버라며

영어회화는 Mike에게 맡기세요.
나는 한 책을 사는 것을 추천한다.

114

사탕처럼 달긴 하지만 부담스러운
나에게 사탕발림 말을 주는 것을 멈춰라.

115
김영민
2017
0117

방을 더럽히는 것을 멈춰라
저것 하는 것을 멈춰라.

정답

111 Stop crying.
112 I love swimming.
113 I recommend buying a book.
114 Stop giving me lip service.
115 Stop doing that.

to+V의 부사 (관련단원: 49)

24

happy [hǽpi] 행복한　know [nou] 알다　glad [glæd] 기쁜
take [teik] 가져가다　hour [auər] 시간　commute [kəmjúːt] 통근하다
wait [weit] 기다리다　buy [bai] 사다　ticket [tíkit] 티켓
try [trai] 시도하다　best [best] 최고의

116
최성렬
2016
08
마카오

올해엔 어디로 떠나볼까?
나는 저것을 알게 돼서 행복하다.

누가+상태모습 어떤

117
휘웃
pixabay
2016
1223

반가운 누군가를 만났을 때 이렇게 말해요,
나는 당신을 만나서 기쁘다.

누가+상태모습 어떤

118

직장을 옮겨야 되나
그것은 통근하는데 한 시간이 걸린다.

누가　　한다　　무엇을　　무엇을

119

평생 기다리는 시간을 합치면 5년
티켓들을 사기 위해 우리가 기다리도록 허락해라.

120

아직 5살밖에 안됐지만
나는 영어를 공부하기 위해 나의 최선을 시도한다

정답

116 I'm happy to know that.
117 I'm glad to see you.
118 It takes an hour to commute.
119 Let's wait to buy tickets.
120 I try my best to study English.

일반동사의 2형식 (관련단원: 51)

25

things [θiŋz] 상황　**got** [gat] 생겼다　**ugly** [ʌgli] 못생긴
going [góuiŋ] 가는 중인　**gray** [grei] 회색인　**getting** [getiŋ] 생기는 중인
better [bétər] 더 나은　**line** [lain] 선, 줄　**went** [went] 갔다
dead [ded] 죽은　**engaged** [ingéidʒd] 약혼된

121

비폭력 집회로 알고 참여했다가 (과거)
상황이 못생겨졌다(나빠졌다).

누가　상태모습　어떤

122
출숯
pixabay

무엇보다 멋지고 완벽한 자연염색이죠!
나는 회색(흰머리)으로 가는 중이다.

누가+상태모습　어떤　어떤2

123
김혜진
2016
1009

내일은 오늘보다 더 멋지게!
나는 더 좋아지는 중이다.

누가+상태모습　어떤　어떤2

124

갑자기 전화가 먹통인 이유는
그 선(전화의)은 죽었다.

125
김영현
unsplash
com

서로에게 눈멀어서 (과거)
우리는 약혼되어졌다.

정답

121 Things got ugly.
122 I'm going gray.
123 I'm getting better.
124 The line went dead.
125 We got engaged.

26

26

지각동사의 2형식 (관련단원: 53)

look [luk] 눈을 향하다   **great** [greit] 대단한   **feel** [fiːl] 느끼다
dizzy [dízi] 어지러운   **difficult** [dífikʌlt] 어려운
sound [saund] 들리다, 소리   **vague** [veig] 흐릿한   **sad** [sæd] 슬픈

126
최성렬
2017
12
너의
성장을
보는 것이
행복하다

올 딸! 넌 정말 대단해!!
너는 대단해 보인다.

_누가_   _상태모습_   _어떤_

127
휘슷
pixabay
2016,
1222

으어어 하늘이 이상하게 보여요.
나는 어지럽게 느낀다.

_누가_   _상태모습_   _어떤_

128

밥 먹다가 손까지 먹을 수 있으니
그것은 어렵게 보인다.

_누가_   _상태모습_   _어떤_

129

저 글씨처럼
그것은 애매하게 들린다.

130
김영헌
unsplash
com

우수에 찬 눈빛
너는 슬퍼 보인다.

정답

126 You look great.
127 I feel dizzy.
128 It looks difficult.
129 It sounds vague.
130 You look sad.

not [nɔ́t] ~이 아니다   **point** [pɔint] 요점   **true** [truː] 사실인
American [əmérikən] 미국인, 미국의   **fault** [fɔːlt] 잘못
possible [pásəbl] 가능한

131.
최성렬
2017
01
일촌물
읽이하는
그 미음물
지키나가자

새해 일출이라 해서 더 특별한 모습은 아니지.
저것은 그 핵심이 **아니다.**

누가+상태모습 not   어떤   어떤

132

외계인이 있을까?
저것은 사실이 아니다.

누가+상태모습 상태모습   어떤

133
정현
♥
장호
2016
0330

우리는 보시다시피 한국인이에요^^
우리는 미국인이 아니다.

누가+상태모습 상태모습   어떤

134
위숯
pixabay
2016
1222

살다 보면 누구나 한 번쯤 그럴 수 있지,
그것은 너의 잘못이 아니다.

135

저런 도형(펜로즈 삼각형) 가능할까?
그것은 가능하지 않다.

정답

131 That's **not** the point.
132 That's not true.
133 We're not Americans.
134 It's not your fault.
135 It's not possible.

28

3형식 부정문 (관련단원: 57)

don't [dount] ~하지 않는다　**size** [saiz] 크기　**fish** [fiʃ] 물고기
trust [trʌst] 신뢰하다　**want** [wɔːnt] 원하다　**faint** [feint] 희미한
heart [haːrt] 심장, 마음　**win** [win] 이기다, 얻다　**fair** [fɛər] 공정한, 괜찮은
lady [léidi] 숙녀

136

신발에 발을 대어봐도
나는 나의 크기를 모른다.

누가　한다　한다　무엇을　무엇을

137

갈치

외는
좋아
한다

나는 생선을 좋아하지 않는다.

누가　한다　한다　무엇을

138

목깃에 불륜이 묻었네
나는 그를 신뢰하지 않는다.

누가　한다　한다　무엇을

139

지금은 아니야
나는 너를 보기를 원하지 않는다.

140

끊어질 것 같은 끈에 누가 매달리겠어요
한 흐린 마음은 한 괜찮은 숙녀를 얻지 못한다.

정답

136 I don't know my size.
137 I don't like fish.
138 I don't trust him.
139 I don't want to see you.
140 A faint heart doesn't win a fair lady.

at, on, in (관련단원: 3)

29

frog [frɔːg] 개구리　throat [θrout] 목구멍　tip [tip] 끝, 조언
tongue [tʌŋ] 혀　ringing [ríŋiŋ] 울리는 중인　vibration [vaibréiʃən] 진동
mode [moud] 방식　stab [stæb] 찌르다　back [bæk] 등, 뒤로
mad [mæd] 화난, 미친

141
2018
0110

목이 쉬어서 개구리 목소리처럼
나는 내 목에 한 개구리를 가진다.
누가　한다　무엇을　무엇을

142

생각이 날듯 말듯 혀 끝에서 맴도네
그것(말)은 나의 혀끝에 있다
누가+상태모습

143

진동 모드를 영어로 하면?
당신의 전화기는 진동 모드에서 울리는 중이다.
누가　누가　상태모습　어떤

144
박상민
2017
0910

곧 칼에 찔릴 거야.. 조심해
그는 (배신해서) 나의 등 뒤에서 찔렸다.

145
최승생
안산
영어과외
카카오톡
인스타
youna
flower

3개월 된 울 방실이가 김장 중에 있는 그릇을 우리 몰래 핥아먹었어요!
나한테 화내지 마.

정답

141 I have a frog in my throat.
142 It's on the tip of my tongue.
143 Your phone is ringing in vibration mode.
144 He stabbed me in the back
145 Don't get mad at me.

young [jʌŋ] 젊은   **age** [eidʒ] 나이, 시대   **change** [ʧeindʒ] 바꾸다
toss [tɔːs] 던지다   **grant** [grænt] 승인하다

146
Chris
Hyunju
Seok
2017
0601
4쪽 나이갑
104세

5월 우리 가족의 첫 해외 여행지, 필리핀 세부에서 우리가 가장 많이 들은 말!
너는 너의 나이에 비해 어려 보인다.

누가 상태모습 어떤

147
최슨생
인간
영어과외
카카오톡
인스타
youna
flower

방실아, 아무리 뼈다귀가 좋아도 언니 말에 귀 좀 기울여줄래?
나에게 귀 기울여봐 **내가 말하는 중일 때는**

한다   while I'm talking.

148
휘슷,
pixabay
2017
0822

'달러'가 '불'이라니! 전 몰랐으니 어서 알아가세요!
나는 돈을 달러로 바꾸는 것이 필요하다.
누가   한다   무엇을   무엇을
무엇을2   무엇을2

149
2017
1113
외국어를
잘 보면
우리말이
숨어있어요

히브리어로 제비가 '골라' 에요
(동전을) 그것을 (결정하는 데) 던지자.

150
휘슷
Let's
CC
2017
0822
과탑하게
해주세요

새삼스럽게 왜 그래?
나는 그것을 당연하게 가져갔지(여겼지).

정답

146 You look young for your age.
147 Listen to me **while I'm talking.**
148 I need to change the money into dollars.
149 Let's toss for it.
150 I took it for granted.

about, around, until (관련단원: 9)

31

worried [wɔ́:rid] 걱정된 **exam** [igzǽm] 시험 **mind** [maind] 마음, 정신
stand [stænd] 서다 **decision** [disíʒən] 결정
skeptical [sképtikəl] 의심스러운 **worry** [wɔ́:ri] 걱정하다

151
휘슐
pixabay
2017
0822

우울해 보인다고? 에이, 아니야.
나는 그 시험에 대해 걱정했다.

누가   한다

152
최슨생
이런
곳에
광은할까
심심할까

17년 가족여행으로 일본에 갔어요~
나는 그것에 대해 두 가지 마음(생각)을 갖는다.

누가 한다 무엇을 무엇을

153
제주도
에서
한 컷
영어공부
좌이팅

제주도 해변 옆에 서있다
나는 (변함없이) 나의 결정 옆에 서있다.

누가   한다

154

믿으려면 먼저 의심해야지.
나는 당신의 아이디어에 의심스럽다.

155

상당히 시무룩한 표정인데
그것에 대해 걱정하지 마.

정답

151 I worried about the exam.
152 I have two minds about it.
153 I stand by my decision.
154 I'm skeptical about your idea.
155 Don't worry about it.

with, as, of, like (관련단원: 11)

32

quit [kwit] 그만두다　**proud** [praud] 자랑스러운　**play** [plei] 기도하다
clay [klei] 찰흙　**slept** [slept] 잤다　**log** [lɔːg] 통나무
planned [plǽnd] 계획된

156

그만두면 몇 달을 살 수 있을지 모르겠지만
나는 그 일을 그만두는 것을 생각하는 중이다.
누가+상태모습　　　어떤

157

밝은
미소
예똘맘
이연곤
♥
수민양

엄마(예똘맘)는 나(수민 양)에게 늘 말씀하셔요~^_^
나는 너에 대해 자랑스럽다.

누가+상태모습　어떤

158

아이들이 좋아하는
찰흙과 함께 놀자.
한다+무엇을

159

양씨
가족
잘 갔으면
이제 그만
길어나
칭피해

블럭으로 만든 침대에서 잠을 자는 둘째
나는 통나무처럼 (누워서 푹) 잤다.

160

최슨생
2017년
5월
드디어
이뤗습니다
예혜

2017년 20대가 끝나기 전, 유럽여행이 위시리스트였어요!
모든 것은 계획된 대로 가는 중이다.

정답

156 I'm thinking of quitting the job.
157 I'm proud of you.
158 Let's play with the clay.
159 I slept like a log.
160 Everything is going as planned.

over, under, beyond, behind (관련단원: 13)

33

under [Ándər] ~아래에   **speed** [spiːd] 속도   **limit** [límit] 제한
skin [skin] 피부   **ability** [əbíləti] 능력   **over** [óuvər] ~위에   **file** [fail] 서류

161
최슨생
1004
km의
길나를
기록
합니다

2017년 제 붕붕이가 생겼습니다. 아직 초보라 거북이지만 너무 편해요~
나는 그 제한속도 아래였다(넘지 않았다).

162

자꾸 (사랑이나 미움 때문에) 생각나서 어떻게 할 수가 없어
그는 나의 피부 밑에 생겨있다.

163

특수부대지만 턱걸이 100개라니
그것은 나의 능력을 넘는다.

164

북한에서 자유를 찾아
저것은 그 제한을 넘은 것이다.

165

아무리 찾아도 없었던 그 펜이
그 서류 밑에 한 펜이 있다.

정답

161 I was under the speed limit.
162 He's getting under my skin.
163 It's beyond my ability.
164 That's over the limit.
165 There's a pen under the file.

34

형용사 (관련단원: 15)

34

done [dʌn] 끝나진　ASAP [ei es ei pi] 가능한한 빨리(as soon as possible)
late [leit] 늦은　appetite [ǽpətàit] 식욕　hurry [hə́ːri] 서두르다

166

치과에서 바라는 것은 오직 한 가지
나는 가능한 한 빨리 끝나지기를 원한다.

누가　한다　무엇을

167

29살 20대 마지막 기념 프로필 사진입니다. ㅋㅋㅋㅋㅋ30살.. 괜찮아요~ 하핫
나는 20대 후반이다.

누가+상태모습

168

항상 고기도 못 먹어본 아이처럼...
나는 한 큰 식욕을 가진다.

누가　한다　무엇을　무엇을　무엇을

169

기왕 할 것 제대로 한 번만
너의 최고의 쏘는 것(최선)을 그것에게 줘라.

170

외국인들도 한국인 못지 않게
나는 한 큰 서두름 안에 있다.

166 I want it done ASAP.
167 I'm in my late twenties.
168 I have a big appetite.
169 Give it your best shot.
170 I'm in a big hurry.

수량 형용사 (관련단원: 17)

35

so [souː] 아주, 매우   **a little** [ə lítl] 약간   **faith** [feiθ] 신념
some [səm] 약간   **a lot of** [ə lat əv] 많은   **lots of** [lats əv] 많은
comment [kámənt] 논평

171

나는 아직 차가 없는데 세상에는
아주 많은 차들이 있다.

어떤+상태모습   SO   누가   누가

172

오빠 한번 믿어봐
나에게 작은 신념을 가져라.

한다   무엇을   무엇을   무엇을

173

최순생
제가
책을
읽어
드릴까요

트래블 라이브러리에요! 너무 신기해서 꼭 와보고 싶었어요. With Sunny!
나에게 약간의 책들을 읽어줘.

한다   누구에게   무엇을   무엇을

174

자본주의 사회에서는 돈이 왕?
그는 많은 돈을 만든다(번다).

175

글 한번 잘못썼다가
나는 많은 논평(댓글)이 생기는 중이다.

36

부사 (관련단원: 19)

still [stil] 여전히 picnic [píknik] 소풍 back [bæk] 등, 뒤로
carefully [kéərfəli] 조심스럽게 ahead [əhéd] 앞으로 first [fəːrst] 먼저

176

비 올지도 모르는데
우리는 **여전히 내일** 소풍을 가는 중(예정)인가요?
누가+상태모습 still   어떤
                                              tomorrow?

177

어딜 만져요?
뒤로 움직여(물러서).

                 한다

178

네가 잘했다고 생각하니?
나에게 되돌려(말대꾸) 말하지마.

      누가   한다

179

중요한 이야기야
아주 신중하게 들어봐.

180

최순생
발굴이가
한복 입고
추석 때
산책하는
모습이에요

내가 젤 좋아하는 시간! 가족&방방이랑 산책!!
앞으로 먼저 가.

정답

176 We're still going on a picnic **tomorrow?**
177 Move back.
178 Don't talk back to me.
179 Listen very carefully.
180 Go ahead first.

37

count [kaunt] 세다　have got to [hǽv gat tu] ~해야 한다
brush [brʌʃ] 빗질하다　turn up [tə́:rn ʌp] 올리다　always [ɔ́:lweiz] 항상
chin [tʃin] 턱　away [əwéi] 멀리

181

나는 안 하고 싶은데?
나는 빼고 세줘.

한다　　　무엇을

182

최승생
여기서는
복습
이라는
의미로
쓰였지만

아빠께서 제가 맨날 혼자서 차를 박고 오면 이렇게 반짝반짝 닦아주셨어요!
나는 그것을(배웠던 것을) 닦아야(반짝하게) 해요.

누가+한다　한다　무엇을 무엇을

183

코가 높다고 거만한 것일까?
너는 항상 너의 코를 높이 올린다(거절한다).

누가　　　　　　　한다
　무엇을　　무엇을

184

고개 숙이지 말고
턱을 높이 유지하며 (기운 내).

185

양씨
가족
1번 2번이
서둔해
요
나.물어
주세요

막내가 귀여워서 항상 무는 아빠
나로부터 멀리 머무세요(있으세요).

정답

181 Count me out!
182 I've got to brush up on it.
183 You always turn your nose up.
184 Keep your chin up.
185 Stay away from me.

38

종속접속사 (관련단원: 24)

38

show [ʃou] 공연, 보여주다   offend [əfénd] 불쾌하게 하다
tin [tin] 철, 통조림   arrive [əráiv] 도착하다   open [óupən] 열다
while [wail] ~하는 동안

186
최슨생

이것만 보고 책도 읽고 공부할 거예요! 라고 하지만 현실은....... 히히히......^^
이 TV쇼 이후에, 나는 영어를 공부할 것이다.

누가   한다   무엇을

187
양씨
가족

언니한테 화난 둘째, 지금은 사이좋게 신나게 매일 놀지요.
제가 당신의 기분을 상하게 했다면 미안해요.

누가+상태모습   어떤

188

따기는 편하지만 건강에는 안 좋다는
밥이 도착했을 때 나는 그 통조림을 따는 중이었다.

누가   상태모습   어떤

189

수업 중에는 떠들지 말고 공부해야지!
내가 그에게 말하는 중인 동안 그들은 공부했다.

190
양씨
가족
힘들
내요
아빠
파쎌

항상 야근하는 아빠
나는 매일 시간들(퇴근) 후에 일(야근)한다.

정답

186 After this TV show, I'll study English.
187 I'm sorry if I offended you.
188 I was opening the tin when Bob arrived.
189 They studied while I was talking to him.
190 I work after hours every day.

39

등위 접속사 (관련단원: 26)

39

get [get] 생기다　**rich** [ritʃ] 풍요로운, 부자인
flavorful [fléivərfəl] 풍미있는　**can't** [kænt] ~할 수 없다
weigh [wei] 무게가 나가다　**pros and cons** [prous ænd kanz] 장단점
medium [míːdiəm] 중간, 매체　**height** [hait] 키　**slim** [slim] 날씬한

191
최슨생

방실아! 얼른 와서 간식 얻어!!! 빠이팅!!!
와서 그것을 얻어.

한다　and　한다　무엇을

192
재민
2016
1209
튼튼하게
자라다오
사랑해

오키나와 파인애플맛은 맛있겠지?
그것은 (맛이) 진하고 풍부해.

누가+상태모습　어떤　and　어떤

193

어리고 미숙해서
저는 미안하지만 제가 지금은 할 수 없습니다.
누가+상태모습　어떤

but

194

할지 말지 결정하기 위해
그 좋은 점과 나쁜 점의 무게를 달아(비교해)보자.

195
톡쏘는걸
2017
0216
우리
가족의
서유럽
여행

사진을 보면 알겠지만
그녀는 중간 키에 날씬해.

of

정답

191 Come and get it.
192 It's rich and flavorful.
193 I'm sorry but I can't now.
194 Let's weigh the pros and cons.
195 She's of medium height and slim.

40

원급, 비교급 (관련단원: 29)

better [bétər] 더 나은   than [ðæn] ~보다
nothing [nʌθiŋ] 아무것도 ~아니다   Ferrari [fərɑ́ːri] 페라리
more [mɔːr] 더 많은   expensive [ikspénsiv] 비싼
ever [évər] 영원히, 한번도   seem [siːm] ~처럼 보이다   type [taip] 유형
carefully [kéərfəli] 조심스럽게

196
한 칸으로 닦을 수 있을까?
그것이 아무것도 없는 것보다는 더 낫지.

누가+상태모습   어떤

197
유지비까지 생각하면 기아를 사야지요.
한 페라리는 한 기아보다 더 비싸다.

누가   누가   상태모습   어떤
어떤

198
양씨
가족

오랜만에 잘 나온 사진 하하하
너는 어느 때보다도 더 좋게 보인다.

누가   상태모습   어떤

199
혼나고 나서도 이렇게 말할 수 있을까?
상황은 그들이 보는 것만큼 절대 나쁘지는 않다.

200
최슨생
안상
엄여라의
카카오톡
인스타
young
flower

행복을 느끼는 시간이에요! 까페 놀이하기! 블루투스 키보드도 있다면 딱 좋지요!
마이크는 앤보다 더 신중하게 타이핑한다.

정답

196 It's better than nothing.
197 A Ferrari is more expensive than a Kia.
198 You look better than ever.
199 Things are never as bad as they seem.
200 Mike types more carefully than Anne.

say [sei] 말하다 benefit [bénəfit] 이익 doing [dúːiŋ] ~하는 중인
everything [eˈvriθiŋ] 모든것 mean [miːn] 의미하다 see [siː] 보이다
what [wat] 무엇 missing [mísiŋ] 놓치는 중인, 놓치는 것

201

리본 달아주세요.
내가 말하는 중인 것은 많은 이득이 있다는 것이다.

<u>　누가+상태모습　</u>　어떤　 is that
<u>어떤+상태모습</u>　　　누가　　　　　누가

202

몸을 날려서라도
우리는 우리가 할 수 있는 모든 것을 하는 중이다.
누가+상태모습　　　어떤

203

그 말을 알아듣다니!
저것(네가 한 말)이 내가 의미한 무엇이야.

누가+상태모습　무엇을　 누가 　한다

204
양씨
가족

안양 예술 공원 전망대에서 보이는 시원한 광경 (고소공포증이야 가라~~)
당신이 본 무엇이 당신이 얻는 것(그대로)입니다.

205
최순생
화담숲
2017
10

일상을 바쁘게 살다 보면 이렇게 아름다운 자연을 매번 놓치곤 하는 거죠~
너는 네가 놓치고 있는 중인 것이 무엇인지 모른다.

정답

201 What I'm saying **is that** there're many benefits.
202 We're doing everything we can.
203 That's what I mean.
204 What you see is what you get.
205 You don't know what you're missing.

42

knew [nju:] 알았다. **right** [rait] 옳은 **believe** [bilíːv] 믿다
time [taim] 시간 **glad** [glæd] 기쁜 **praise** [preiz] 칭찬하다

206
최슨생
2016
오직
스쿠버
다이빙
감사님만
아셨습니다

물 공포증에 수영도 못하는 제가 보라카이에서 수심 20~30m의 스쿠버다이빙을
나는 네가 그것을 할 수 있다는 것을 알았다.

누가 한다 누가 한다 한다 무엇을

207
주은주
주원모
우리는
신사와
검사가
될 겁니다

우리는 서로 네가 옳다고 생각한다!
나는 네가 옳다고 생각한다.

누가 한다 누가+상태모습 어떤

208

고양이처럼 의심하고
네가 듣는 모든 것을 믿지는 마라.

한다 한다 무엇을 누가 한다

209

복사하다 쓰러질 정도로
나는 내가 시간이 있다고 생각하지 않는다.

210
김지우
2011
지우
지한
사랑해

내가 잘 앉아있다고 칭찬해줘서 고마워요.
난 네가 칭찬해줘서 기쁘다.

정답

206 I knew you could do it.
207 I think you're right.
208 Don't believe everything you hear.
209 I don't think I have time.
210 I'm glad you praised me.

will, be going to (관련단원: 38)

43

sure [ʃuər] 확신하는 **waiting** [wéitiŋ] 기다리는 중인
call [kɔːl] 부르다, 전화하다 **double-check** [dʌbl tʃek] 두 번 확인하다
teach [tiːtʃ] 가르치다 **lesson** [lésn] 교훈, 수업

211

힘내!
나는 네가 **괜찮게** 할 것이라 확신한다.
누가+상태모습   어떤
        누가+한다   한다   all right.

212
최슨생

22살 어느 날. 스마트폰이 아니었을 때 누군가의 연락을 기다릴 때의 느낌이란.
나는 너의 전화를 기다리는 중일 **이다.**
누가+상태모습 be   어떤

213

귀찮게 해서 죄송하지만
두 번 확인해주**실 수 있나요? 부탁드립니다.**

Will   누가   한다   please?

214
bris
-keen
2017
01

결과가 어떻게 될지는 모르지만 일단 시작할 거예요.
나는 그것을 위해 **(한번 해보러)** 갈 것이다.

215

아무리 어려워도
나는 **(당연히)** 그에게 한 교훈을 가르칠 것이다.

정답

211 I'm sure you'll do **all right.**
212 I'll **be** waiting for your call.
213 **Will** you double-check, **please?**
214 I'll go for it.
215 I'm going to teach him a lesson.

44

can (관련단원: 41)

44

stop [stap] 멈추다　**thinking** [θíŋkiŋ] 생각하는 중인
make it [meik it] (그것을) 해내다　**work** [wəːrk] 일하다, 일
right [rait] 옳은

216
왜 자꾸 생각나는 것일까?
나는 너에 대해 생각하는 것을 멈출 수 없다.
누가　　한다　　한다　　무엇을

217
최슨생
내가
할 수
있다는
생각이
들 때도
기도하길
내가 할 수 없다는 생각이 들 때 기도합니다!
나는 미안하지만 내가 그것을 해낼 수 없다.

I'm 어떤　누가　한다　　한다　무엇을

218
야근이 필수라니
나는 이것처럼은 일할 수 없다.
누가　　한다　　한다

219
제가 안 그랬어요.
저것은 옳을 수 없다(그럴 리 없다).

220
姜範澤
2017
1202
滋人事
抒天命
열심히
살자
你能做到
너는 그것을 할 수 있다.

정답

216　I can't stop thinking about you.
217　I'm sorry I can't make it.
218　I can't work like this.
219　That can't be right.
210　You can do it.

45

45

lie [lai] 거짓말하다 **must** [məst] ~해야 한다 **have to** [hǽv tú] ~해야 한다
vegetable [védʒətəbl] 채소 **lose** [luːz] 잃다, 지다 **weight** [weit] 무게
kidding [kidiŋ] 장난치는 중인, 장난치는 것

221

증거가 있는데 잡아뗄래?
너는 (내 생각에) 거짓말하지 말아야 한다.

누가   한다   한다

222

생긴 것을 보아하니
너는 마이크가 분명하다.

누가   상태모습 상태모습   어떤

223

건강을 위해서 고기, 계란, 우유를 피하고 대신
너는 약간의 채소들을 먹어야 할 이유가 있다.

누가   한다   한다   한다
무엇을   무엇을

224

최슨생
안산
영어과외
카카오톡
인스타
youna
flower

가이세키 정식입니다. 맨날 이렇게 먹고 싶지만 맨날 이렇게 먹다간.......^^
나는 살을 빼야 할 이유가 있다.

225

얼굴에 장난기가 묻어있어
너는 장난치는 중인 것이 분명하다.

정답

221 You shouldn't lie.
222 You must be Mike.
223 You have to eat some vegetables.
224 I have to lose weight.
225 You must be kidding.

have p.p. (관련단원: 45)

46

wrong [rɔ́ːŋ] 틀린   **number** [nʌ́mbər] 숫자
caught [kɔːt] 잡혔다(catch의 과거, 과거분사)   **cold** [kould] 추운, 감기
want [want] 원하다   **scuba diving** [skjúːbə dáiviŋ] 스쿠버 다이빙
license [láisəns] 자격증   **goose bumps** [guːs bʌmps] 소름
still [stil] 여전히   **arrive** [əráiv] 도착하다

226

처음 듣는 목소리인데?

너는 (과거에 틀리게 걸어서) 틀린 번호로 전화 걸었다.

누가+한다   한다
무엇을   무엇을   무엇을

227

최은생
원소에
'건강의
소중함을
다시
한 번

처음으로 감기에 너무 심하게 걸려서 목소리도 안 나오고 링거까지 맞아봤어요ㅠㅠ

내가 (과거에 감기 걸려서 현재) 감기 걸린 상태다.

누가+한다   한다   무엇을   무엇을

228

바닷속 모습이 궁금해서

나는 항상 스쿠버다이빙자격증을 얻는 것을 원해왔다.

누가+한다   **always**   한다   무엇을1   무엇을1
무엇을2   무엇을2   무엇을2   무엇을2

229

춥거나 소름 끼치거나 감동을 받으면, 닭살이 아니라 거위살?

나는 (과거에 생겨서 현재) 닭살이 생겼다.

230

재민
정훈
2016
1207
잠시후에
맛있게
먹어요

아~배고픈데~

나의 음식은 여전히 도착하지 않았다.

47

조동사의 과거 (관련단원: 47)

47

check in [tʃek in] 투숙하다 **machine** [məʃíːn] 기계
break down [breik daun] 고장나다 **so** [souː] 아주, 그렇게
easily [íːzili] 쉽게 **would** [wúd] ~하려고 한다
gift-wrapped [gift-répt] 선물 포장된 **pass** [pæs] 건네다, 지나가다

231

사랑할 정도로
나는 (그렇게) 하고 싶다.

누가+한다 　 한다

232

최슬생
시급근
일상을
탈피하고
어디든
체크인하
고 싶어요

대학원 논문 쓰고 자체 졸업여행으로 홍콩에 갔을 때 머물렀던 호텔이에요!
나는 체크인 하고 싶다.

누가+한다 　 한다 　 무엇을 무엇을

233

일부러 고장낸 것 아니에요?
그 기계는 그렇게 쉽게 부서지지 않곤 했다.

누가 　 누가 　 한다 　 한다

234

재민
2016
1209

악어가 나를 삼키려 하지만
나는 그것을 선물포장 하고 싶다.

235

동안이라
너는 20살을 위한 곳도 통과할 수도 있다.

정답

231 I'd love to.
232 I'd like to check in.
233 The machine wouldn't break down so easily.
234 I would like it gift-wrapped.
235 You could pass for twenty.

48

48 가정법 (관련단원: 52)

move out [muːv aut] 이사하다 **insist** [insíst] 주장하다
wish [wiʃ] 소망하다 **snow** [snou] 눈 **all night long** [ɔːl nait lɔːŋ] 밤새

236

버스도 없고, 역에서 걸어서 30분이라니
너는 오래전에 이사갔어야 했다.
누가   한다   무엇을

237

먹기 싫지만
당신이 고집한다면 (그렇게 할게요).
누가   한다

238

기왕이면
나는 우리가 한 새 자동차를 가지길 소망한다.
누가   한다
누가   한다   무엇을   무엇을   무엇을

239
양씨
가족

코가 시리게 추운 날 눈썰매장에서 눈을 맞으며 고고고 (나롱아 사랑해)
그것은 밤새 내내 눈이 왔음이 분명하다.

240
최순생
있는
그대로를
인정하며
살려고
노력을
해보아요

후회하는 삶은 슬프지 않나요?
내가 너라면 나는 그렇게 하려고 하지 않을 것이다.

정답

236 You should've moved out a long time ago.
237 If you insist.
238 I wish we had a new car.
239 It must have snowed all night long.
240 I wouldn't if I were you.

49

상태·모습을 묻기 (관련단원: 54)

49

sure [ʃuər] 확신하는　**leave** [liːv] (남기고) 떠나다　**cold** [kould] 추운, 감기
kidding [kiˈdiŋ] 장난치는 중인, 장난치는 것　**heavy** [hévi] 무거운
drinker [dríŋkər] (술)마시는 사람

241

웃는 이유는?
너는 저것에 관해 확신하니?

상태모습　누가　어떤

242

1
Actor
2017
0215
덕없을
게획하며
살고있다

하늘을 보며 스스로에게 묻는다.
우리는 떠날 준비가 됐니?

상태모습　누가　어떤

243

최순생
찬라신
지날래
내미소
끼시
동방
했있어요

13년 겨울... 백록담이 통제될 만큼 눈이 오던 그 겨울날.
너는 춥니?

상태모습　누가　어떤

244

양씨
가족

장난꾸러기 2번 3번들 니네땜시 미치다가도 행복하데이~
너는 장난치는 중이니?

245

robin
2017
0526
Sappo
-ro

I'd like to have a glass of beer.
너는 한 무거운(잘 마시는) 술꾼인가요?

정답

241 Are you sure about that?
242 Are we ready to leave?
243 Are you cold?
244 Are you kidding?
245 Are you a heavy drinker?

행동을 묻기 | (관련단원: 56)

50

morning [mɔ́:rniŋ] 아침 fever [fí:vər] 열
homework [houmwərk] 숙제 more [mɔ:r] 더 많은
tomorrow [təmɔ́:rou] 내일

246

스티브 없는 애플은 앙꼬 없는 찐빵?
당신은 이번 아침에 스티브를 봤나요?

한다　　누가　　한다
무엇을

247
이호열
2017
1208
제 의사
표현만큼은
하고
싶어요

열이 있나요?
당신은 한 열이 있나요?

한다　누가　한다　무엇을 무엇을

248

지금 놀 때가 아닐 텐데?
당신은 당신의 숙제를 했나요?

한다　　누가　　한다　무엇을 무엇을

249
최슨생
만난
영어과외
카카오톡
안스타
wellina
flower

넘나 맛있었던 밀크티와 딸기타르트케익... 저는 많이 더 원합니다!
너는 좀 더 원하니?

250

약속을 잡기 전에 성공 확률을 높이려고
당신은 내일 시간을 가지나요?

정답

246 Did you see Steve this morning?
247 Do you have a fever?
248 Did you do your homework?
249 Do you want some more?
250 Do you have time tomorrow?

기본 의문문 종합 (관련단원: 58)

51

window-shopping [wíndou-ʃápiŋ] 구경만 하는 쇼핑
second [sékənd] 두번째 **hand** [hænd] 손 **phone** [foun] 전화기
refund [rifʌnd] 환불(하다)

251
최신생

일본 여행 갔을 때 쇼핑해온 거예요. ㅋ선물..(윈도우쇼핑말고 실제쇼핑이 더 좋아요ㅠㅠ)

당신은 윈도우 쇼핑(보고 사지 않는 것)을 **하고 싶나요?**

Would   누가   한다
무엇을   무엇을

252

한 번 더 먹고 싶을 때
제가 두 번째 것들을 가져도 되나요?

한다   누가   한다   무엇을

253

두 손을 주면 더 좋을 것 같지만
저에게 한 손(도움)을 줄 수 있나요?

한다   누가   한다
누구에게   무엇을   무엇을

254

배터리가 떨어져서요.
제가 당신의 전화기를 쓸 수 있나요?

255

이래서 보세는 잘 안 사요.
제가 이것에(접촉해서) 한 환불이 생길 수 있나요?

정답

251 Would you like to go window-shopping?
252 May I have seconds?
253 Can you give me a hand?
254 Can I use your phone?
255 Can I get a refund on this?

52

의문사 의문문1 (관련단원: 60)

going [góuiŋ] 가는 중인 **buy** [bai] 사다 **watch** [watʃ] 보다
tourist [túərist] 여행객 **information** [ìnfərméiʃən] 정보
office [ɔ́ːfis] 사무실 **weather** [wéðər] 날씨

256
심이레
2017
0418
우리 말
미래
사랑한다

어디 가는 거야? 집에 가는 중에 찍은 사진
너는 어디를 가는 중이니?

상대모습　누가　　어떤

257

여행 중에 시계가 고장 났는데,
어디에서 저는 한 시계를 살 수 있나요?

한다　누가　　한다
무엇을　　무엇을

258

많이 못 알아보고 와서요.
어디가 그 여행 정보 사무실인가요?

어떤　상태모습　누가
누가　　누가　　누가

259

네가 하고있는 그 일 말이야.
그것은 어떻게 (되어)가는 중이니?

260
안산
영어과의
카카오톡
인스타
youth
flower

너무 예쁜 날씨 그리고 하늘입니다~ 저는 덥지만 그래도 여름이 제일 좋아요~
오늘의 날씨는 어떻습니까?

정답

256 Where are you going?
257 Where can I buy a watch?
258 Where is the tourist information office?
259 How's it going?
260 How's the weather today?

53 의문사 의문문2 (관련단원: 63).

problem [prɑ́bləm] 문제 **free** [friː] 자유로운 **time** [taim] 시간, 때
specialty [spéʃəlti] 특기, 전문 **hobby** [hɑ́bi] 취미
opinion [əpínjən] 의견

261

표정이 예사롭지 않은데
무엇이 그 문제입니까?

누가+상태모습   무엇을   무엇을

262
최순생

저는 쉬는 시간에 끄적거리는 것을 참 좋아해요! 제 감정에 집중할 수 있잖아요!
당신의 자유 시간에 무엇을 하나요?

무엇을   한다   누가   한다

263

숨쉬기, 먹기, 자기 말고요.
무엇이 당신의 특기입니까?

누가+상태모습   무엇을   무엇을

264
박숙영
잠실
야구
경기장
2017
0620

내 취미는 야구관람입니다. 초록색의 잔디와 응원열기가 좋아요.
무엇이 당신의 취미입니까?

265

생활영어 추가 문장 책을 같이 만드는 이벤트 어떠셨나요?
무엇이 당신의 의견입니까?

정답

261 What's the problem?
262 What do you do in your free time?
263 What's your specialty?
264 What's your hobby?
265 What's your opinion?

공항

항공사

여기서 런던행 항공편이 있나요?
Do you have a flight to London from here?
두 유 해버 플라잇 투 런던 프럼 히얼?

서울행 항공편을 예약하고 싶습니다.
I want to book a flight to Seoul.
아이 원 투 북 커 플라잇 투 써울.

항공편 탑승 수속을 밟고 싶습니다.
I want to check in for Flight 123.
아이 원 투 첵킨 폴 플라잇 원투쓰리.

다음비행기는 언제인가요?
When is the next flight?
웨 니즈 더 넥쓰트 플라잇(트)?

이 짐을 보내고 싶습니다.
I want to check this baggage.
아이 원 투 첵(ㅋ) 디쓰 배기쥐.

그것은 깨지기 쉽습니다.
It's fragile.
잇츠 프래좌일.

가방을 열어 보십시오.
Open your baggage.
오픈 유얼 배기쥐.

수하물 찾는 곳이 어디입니까?
Where is the baggage claim?
웨어 리즈 더 배기쥐 클레임?

탑승시간이 언제인가요?
When is the boarding time?
웨 니즈 더 볼딩 타임?

입출국

입국심사대는 어디인가요?
Where is the immigration?
웨어 뤼즈 디 이미그뤠이션?

제가 당신의 여권을 볼 수 있을까요?
Can I see your passport?
캔 나이 씨 유얼 패쓰폴트?

이 용지에 기재해 주세요.
Fill out this form.
필라웃 디쓰 폼.

어디에서 오셨습니까?
Where are you from?
웨얼 얼 유 프럼?

한국에서 왔습니다.
I'm from Korea.
암 프럼 커뤼아.

어디서 묵으실 건가요?
Where are you going to stay?
웨얼 얼 유 고잉 투 스테이?

방문 목적은 무엇입니까?
What is the purpose of your visit?
와 리즈 더 펄포우즈 어 뷰얼 비짓(트)?

업무(/휴가, 관광)차 저는 여기 왔습니다
I'm here for business(/Holiday, Sightseeing).
암 히얼 폴 비즈니쓰,(/할러데이, 싸잇씨잉).

얼마나 머물 예정입니까?
How long do you stay?
하우 렁 두 유 스테이?

7일 동안 머물 겁니다.
I will stay for 7 days.
아이 윌 스테이 폴 쎄븐 데이즈.

세관 신고

신고서를 주십시오.
Hand me the declaration form.
핸드 미 더 디클러뤠이션 폼.

신고할 물건이 있습니까?
Do you have anything to declare?
두 유 해브 애니띵 투 디클레얼?

신고할 것이 아무것도 없습니다.
I have nothing to declare.
아이 해브 낱띵 투 디클레얼.

기타

Mike 씨인가요?
Are you Mike?
얼 유 마이크?

5번 탑승구가 어디에 있나요?
Where is the Gate 5?
웨어 리즈 더 게잍(트) 파이브?

이 가방을 택시 타는 곳까지 옮겨 주실래요?
Can you carry this bag to the taxi stand?
캔 뉴 캐리 디쓰 백 투 더 택씨 스탠드?

기내, 일상

요구하기

기내에서 면세품을 살 수 있나요?
Can I buy duty-free items on board?
캐나이 바이 듀티-프리 아이럼ㅅ 온 볼드?

제 좌석 좀 찾아주시겠어요?
Can you show me to my seat?
캔 뉴 쇼우 미 투 마이 씨잍(트)?

마실 것 좀 주시겠어요?
Can I have something to drink?
캐 나이 해브 썸띵 투 드링크?

어떻게 기재해야 합니까?
Can you tell me how to fill out?
캔 유 텔 미 하우 투 필라웉(트)?

당신의 의자를 앞으로 기울여 주시겠어요?
Can you move your seat forward?
캔 유 무브 유얼 씯(트) 폴윌드?

비행기 멀미에 먹는 약 있습니까?
Do you have something for airsickness?
두 유 해브 썸띵 폴 에얼씩크니ㅆ?

이 의자를 조정하고 싶습니다.
I want to adjust this seat.
아이 원 투 엇줘ㅅ트 디ㅆ 씨잍(트).

좌석을 바꾸고 싶어요
I want to change my seat.
아이 원 투 췌인쥐 마이 씨잍(트).

이 서식을 기재하고 싶습니다.
I want to fill in this form.
아이 원 투 필린 디ㅆ 폼.

언제 비행기가 도착하나요?
When can the plane arrive?
웬 캔 더 플레인 어롸이브?

언제 식사를 할 수 있나요?
When can I have the meal?
웬 캐나이 해브 더 미일?

화장실이 어디예요?
Where is the toilet?
웨어 리즈 더 토일렡(트)?

저는 안전벨트를 채우고 싶습니다.
I want to buckle this seatbelt.
아이 원 투 버클 디ㅆ 씯벨트.

대화하기

실례지만, 대화해도 될까요?
Excuse me, can I talk to you?
익ㅆ큐즈 미, 캐 나이 턱 투 유?

영어를 말할 수 있나요?
Do you speak English?
두 유 ㅅ픽(ㅋ) 잉글리쉬?

여기서 얼마나 계셨나요?
How long have you been here?
하우 렁 해 뷰 빈 히열?

다시 한번 말씀해 주실래요?
Can you say that again?
캔 뉴 쎄이 댙(트) 어게인?

잘 이해가 안 돼요.
I don't understand.
아이 돈 언덜ㅅ탠드.

저를 소개하고 싶습니다.
I want to introduce myself.
아이 원 투 인트뤄듀ㅅ 마이쎌프.

저는 영어를 연습하고 싶습니다.
I want to practice English.
아이 원 투 프랙티ㅆ 잉글리쉬.

당신을 다시 만나고 싶습니다.
I want to meet you again.
아이 원 투 밑 츄 어게인.

당신 연락처를 가질 수 있을까요?
Can I have your phone number?
캐 나이 해브 유얼 폰 넘벌?

저는 그곳에 가고 싶습니다.
I want to go there.
아이 원 투 고 데얼.

그것은 아름답네요.
It's beautiful.
잋ㅊ 뷰티플.

그것은 끔찍하네요.
It's terrible.
잋ㅊ 테러블.

어디서 머무시나요?
Where do you stay?
웨얼 두 유 ㅅ테이?

장소별 표현 3

길찾기

물어보기

우리는 어디에 있나요?
Where are we?
웨얼 얼 위?

지도에서 저는 어디에 있나요?
Where am I on the map?
웨얼 앰 아이 온 더 맵(ㅍ)?

길을 잃었습니다.
I'm lost.
암 러ㅅㅌ.

지도에서 보여주세요.
Show me on the map.
쇼우 미 온 더 맵(ㅍ).

(거기에 가는) 가장 빠른 길은 어디인가요?
Where is the fastest way (to get there)?
웨어 리즈 더 패ㅅ티ㅅㅌ 웨이 (투 겟 데얼?)?

식당은 어디에 있나요?
Where is the restaurant?
웨어 리ㅈ 더 뤠스터랑ㅌ?

지하철은 어디에 있나요?
Where is the subway?
웨어 리ㅈ 더 썹웨이?

버스정류소는 어디에 있나요?
Where is the bus stop?
웨어 리ㅈ 더 버ㅆ ㅅ탑?

환전소는 어디에 있나요?
Where is the money exchange?
웨어 리ㅈ 더 머니 익ㅆ췌인쥐?

야영장은 어디에 있나요?
Where is the campsite?
웨어 리ㅈ 더 캠ㅍ싸이ㅌ?

여기서 걸어갈 수 있나요?
Can I walk from here?
캐 나이 워ㅋ ㅍ럼 히얼?

걸어가면 얼마나 걸리나요?
How long does it take on foot?
하우 렁 더ㅈ 잍 테이ㅋ 온 풋?

저를 그곳에 데려다 줄 수 있나요?
Can you get me there?
캔 뉴 겟 미 데얼?

어디가 지하철로 가는 길인가요?
Where is the way to the subway station?
웨어 리즈 더 웨이 투 더 썹웨이 ㅅ테이션?

어디서 시청으로 가는 버스를 탈 수 있나요?
Where can I take a bus to City Hall?
웨얼 캐 나이 테이 커 버ㅆ 투 씨리 헐?

우체국에 어떻게 갈 수 있나요?
How can I go to Post Office?
하우 캐 나이 고우 투 포우ㅅㅌ 어피ㅆ?

어디에 가면 전통 음식을 먹을 수 있을까요?
Where can I eat some traditional food?
웨얼 캐 나이 잍 썸 ㅌ뤠디셔널 푸ㄷ?

대답하기

(앞으로) 쭉 가세요.
Go straight.
고우 ㅅㅌ뤠잍(ㅌ).

앞으로 한 블록 가세요.
Go straight one block.
고우 ㅅㅌ뤠잍(ㅌ) 원 블랔ㅋ.

오른쪽으로 도세요.
Turn right.
털언 롸잍(ㅌ).

왼쪽으로 도세요.
Turn left.
털언 레ㅍㅌ.

그 길을 건너세요.
Cross the street.
ㅋ뤄ㅆ 더 ㅅㅌ리잍(ㅌ).

두 번째 신호등으로 가세요.
Go to the second light.
고우 투 더 쎄컨ㄷ 라잍(ㅌ).

그것은 왼쪽에 있습니다.
It's on the left.
잊ㅊ 온 더 레ㅍㅌ.

그것은 그 교회 옆에 있습니다.
It's next to the church.
잊ㅊ 넥ㅆ투 더 철취.

그 모퉁이를 돌면 있습니다.
It's around the corner.
잊ㅊ 어롸운ㄷ 더 콜널.

일반

요금이 얼마입니까?
How much is the fare?
하우 머취 이즈 더 페얼?

도착하는 데 얼마나 걸리나요?
How long does it take?
하우 렁 더즈 잇 테이크?

출발시각은 언제인가요?
When is the departure time?
웬 니즈 더 디팔철 타임?

안내방송이 무슨 역이라고 말했나요?
What station did the announcement say?
왓 ㅅ테이션 딛 디 어나운ㅅ먼트 쎄이?

거기까지 걸어갈 수 있나요?
Can I walk there from here?
캔 나이 웍ㅋ 데얼 프럼 히얼?

런던행 한 장 주세요.
One ticket to London, please.
원 티킷 투 런던. 플리이즈.

그것은 얼마나 먼가요?
How far is it?
하우 팔 이즈 잇(ㅌ)?

런던까지 몇 분이나 걸리나요?
How many minutes to London?
하우 매니 미닛츠 투 런던?

그곳에 도착하면 좀 알려 줄 수 있나요?
Can you let me know when we get there?
캔 유 렛 미 노우 웬 위 겟 데얼?

버스

시청으로 가는 버스를 어디서 탈 수 있나요?
Where can I catch a bus to City Hall?
웨얼 캔 나이 캡취 어 버ㅆ 투 씨리 헐?

버스 지도를 갖고 있나요?
Do you have a bus map?
두 유 해 버 버ㅆ 맵ㅍ?

버스 시간표를 가질 수 있을까요?
Can I have a bus timetable?
캔 나이 해 버 버ㅆ 타임테이블?

런던으로 가는 버스는 어디에 있나요?
Where's the bus to London?
웨얼즈 더 버ㅆ 투 런던?

(로마로 향하는) 마지막 버스는 언제인가요?
When is the last bus (to Rome)?
웬 니즈 더 라ㅅㅌ 버ㅆ (투 로움)?

여기에서 동물원에 가는 버스가 있나요?
Is there a bus to the zoo from here?
이즈 데얼 어 버ㅆ 투 더 주 프럼 히얼?

어떤 버스가 도심으로 가나요?
Which bus goes downtown?
위취 버ㅆ 고우즈 다운타운?

지하철, 기차

지하철 표는 어디에서 사나요?
Where can I buy a subway ticket?
웨얼 캐 나이 바이 어 썹웨이 티킷(ㅌ)?

제가 탈 기차는 몇 번 플랫폼인가요?
Which platform does my train leave?
위취 플랫포옴 더즈 마이 ㅌ뤠인 리이브?

택시

호텔로 가주세요.
Go to the hotel.
고우 투 더 호텔.

여기로 가주세요.
Go here.
고우 히얼.

택시 불러주실 수 있나요?
Can you call a taxi?
캔 유 커 러 택씨?

잔돈은 가지세요
Keep the change.
킾 더 췌인쥐.

공항으로 데려다주세요.
Take me to the airport.
테익(ㅋ) 미 투 더 에얼포트.

렌터카

제 자동차 바퀴에 구멍 났어요.
I have a flat tire.
아이 해 버 플랫 타이얼.

(2일간) 차를 한 대 빌리고 싶은데요
I want to rent a car (for 2 days).
아이 원 투 렌 터 칼 (폴 투 데이즈).

호텔 1

일반

도와드릴까요?
Can I help you?
캔 아이 헬 퓨?

저를 도와줄 수 있나요?
Can you help me?
캔 뉴 헬 미?

성함과 방 번호를 가르쳐 주실래요?
Can I have your name and room number?
캔 아이 해ㅂ 유얼 네임 앤ㄷ 룸 넘벌?

컴퓨터는 어디에 있나요?
Where is the computer?
웨어 리즈 더 컴퓨털?

침대 좀 정돈해 주세요.
Make the bed.
메이ㅋ 더 베드.

열쇠를 잃어버렸습니다.
I lost my key.
아이 러스ㅌ 마이 키.

열쇠를 방 안에 둔 채 잠갔습니다.
I'm locked out.
암 락ㅌ 아웉(ㅌ).

계산은 숙박비와 함께 달아 놓아 주세요
Put it on my hotel bill.
푸 릿 온 마이 호텔 빌.

체크인, 체크아웃

체크인을 하려고 합니다.
I want to check in.
아이 원 투 췌 킨.

예약은 하셨습니까?
Do you have a reservation?
두 유 해 버 뤠절베이션?

내 이름은 Mike입니다.
My name is Mike.
마이 네임 이즈 마이ㅋ.

사흘간 예약했습니다.
I have a reservation for three nights.
아이 해 버 뤠절베이션 폴 뜨리 나잍ㅊ.

성함과 주소만 기재해 주세요.
Put your name and address here.
풋 츄얼 네임 앤ㄷ 애ㄷ뤠ㅆ 히얼.

나머지는 제가 처리하겠습니다.
I'll take care of the rest of it.
아일 테이ㄹ 케어롭 더 뤠스ㅌ 어 빌(ㅌ).

체크인하기 전에 방을 보고 싶어요.
I want to look at the room before I check in.
아이 원 투 룩 더 룸 비포 라이 췌킨.

체크아웃하고 싶습니다.
I want to check out.
아이 원 투 췌ㅋ카웉(ㅌ).

방 예약

빈 방 있습니까?
Do you have a room available?
두 유 해 버 룸 어베일러블?

저는 한 방을 원합니다.
I want a room.
아이 원 터 룸.

오늘 밤에 묵을 방을 예약하고 싶은데요
I want to reserve a(/book a) room for tonight.
아이 원 투 뤼절 버(/북 커) 룸 폴 투나잍(ㅌ).

방이 모두 찼습니다.
We're fully booked.
위얼 풀리 북ㅌ.

어떤 방을 원하십니까?
What kind of room do you want?
왓 카인덥(ㅂ) 룸 두 유 원ㅌ?

트윈 룸(싱글/더블)이 필요합니다.
I want a twin room(a single/ a double room).
아이 원 터 ㅌ윈 룸(어 씽글/ 어 더블 룸).

지금 스위트 룸만 이용 가능합니다.
Suite room is only available now.
ㅅ윗ㅌ 룸 이즈 온리 어베일러블 나우.

하루 숙박료가 얼마예요?
How much is it per night?
하우 머취 이 짓 펄 나잍(ㅌ)?

얼마나 길게 머무르실 건가요?
How long will you stay?
하우 렁 윌 유 ㅅ테이?

몇 일 동안 머무르실 건가요?
How many days will you stay?
하우 매니 데이즈 윌 유 ㅅ테이?

호텔 2

날짜를 바꾸고 싶어요.
I want to change the date.
아이 원투 췌인쥐 더 데일(ㅌ).

예약을 확인하고 싶습니다.
I want to confirm my resérvation.
아이 원 투 컨펌엄 마이 뤠절베이션.

트윈 하나군요. 맞죠?
One twin. Is that right?
원 트윈. 이즈 댙 롸일(ㅌ)?

잠깐만 기다려 주십시오.
Just a moment.
저ㅅ 터 모우먼ㅌ.

하루 더 묵을 수 있나요?
Can I stay for one more night?
캐 나이 스테이 폴 원 모얼 나잍(ㅌ)?

숙박기간을 늘리고 싶어요.
I want to extend my stay.
아이 원 투 익ㅆ텐드 마이 스테이.

열쇠 맡아주세요.
Keep the keys.
킵 더 키이ㅈ.

귀중품을 맡길 수 있을까요?
Can I deposit valuables here?
캐 나이 디파질(ㅌ) 밸류어블ㅅ 히얼?

이걸 보관해 주시겠어요?
Can you keep this?
캔 뉴 킵 디ㅆ?

언제까지 맡겨 두실 건가요?
How long do you want us to keep it?
하우 렁 두 유 원 터ㅆ 투 킵잍(ㅌ)?

펜을 빌릴 수 있나요?
Can I borrow a pen?
캐 나이 바로우 어 펜?

담요를 하나 더 받을 수 있나요?
Can I get a blanket more?
캐 나이 게러 블랭킽(ㅌ) 모얼?

전화기 쓸 수 있나요?
Can I use the phone?
캐 나이 유ㅈ 더 포운?

제 방으로 사람 좀 올려보내 주시겠어요?
Can you send someone up to my room?
캔 뉴 쎈드 썸원 넙 투 마이 룸?

사람을 찾아 주실 수 있으세요?
Can you find someone?
캔 뉴 파인ㄷ 썸원?

에어컨을 틀어주실래요?
Can you turn on the air-conditioning?
캔 뉴 털언 온 디 에얼-컨디셔닝?

내일 아침 7시에 깨워 주세요.
Wake me up at seven tomorrow morning.
웨잌(ㅋ) 미 엎 퍁 쎄븐 투마로우 몰닝.

아침 식사를 제 방에서 시켜 먹고 싶어요.
I want to order breakfast in my room.
아이 원 투 올덜 ㅂ랙퍼ㅅㅌ 인 마이 룸.

세탁을 원합니다.
I want a laundry service.
아이 원 터 런드뤼 썰비ㅆ.

인터넷 패스워드를 원합니다.
I want (the) internet password.
아이 원ㅌ (디) 인털넽(ㅌ) 패쓰월ㄷ.

침대가 더러워요.
My bed is dirty.
마이 베 디ㅈ 더리.

그것은 작동하지 않습니다.
It isn't working.
잇ㅌ 이즌ㅌ 월킹.

그것은 고장났습니다.
It is broken.
잇ㅌ 이ㅈ ㅂ로큰.

인터넷이 느립니다.
(The) internet is slow.
(디) 인털넽(ㅌ) 이ㅈ 슬로우.

이웃들이 시끄럽습니다.
The neighbors are noisy.
더 네이벌ㅈ 얼 노이지.

다른 방을 주세요.
Get me a different room.
겥 미 어 디퍼런ㅌ 룸.

식당

예약하기

7시로 두 사람용 자리를 예약하고 싶어요.
I want to book a table for two at seven.
아이 원트 투 북 커 테이블 폴 투 앹 쎄븐.

마지막 주문은 언제인가요?
When is the last order?
웨 니즈 더 라스트 오럴?

앉기

몇 분이신가요?
How many?
하우 매니?

몇 명이신가요?
How many people in your party?
하우 매니 피플 인 유얼 팔티?

성함을 말씀해 주시겠어요?
Can I have your name?
캔 나이 해 뷰얼 네임?

여기 앉아도 되나요?
Can I sit here?
캔 나이 씥(트) 히얼?

마음에 드는 자리인가요?
Is this table right?
이즈 디쓰 테이블 롸잍(트)?

주문하기

주문해주세요.
Can I have(/take) your order?
캔 나이 해브(/테이크) 유얼 오럴?

메뉴판을 보여주세요.
Can I see the menu?
캔 나이 씨 더 메뉴?

메뉴를 추천해주세요.
Can you recommend a menu?
캔 뉴 뤠커멘 더 메뉴?

그것은 무슨 요리죠?
What kind of dish is it?
왓 카인 더브 디쉬 이즈 잍(트)?

스테이크를 어떻게 해드릴까요?
How do you want your steak?
하우 두 유 원 츄얼 스테이크?

충분히(/중간으로) 구워 주세요.
Well-done(/medium), please.
웰-던(/미디엄), 플리이즈.

똑같은 것을 원합니다.
I want the same.
아이 원트 더 쎄임.

이 식당에서 가장 맛있는 것을 원해요.
I want the best in the restaurant.
아이 원 더 베스트 인 더 뤠스터뢍트.

그녀(/그)가 먹는 것으로 주세요.
Give me what she(/he) eats.
기브 미 왓 쉬(/히) 잋츠.

저는 해산물에 알레르기가 있어요.
I'm allergic to seafood.
암 얼레직 투 씨푸드.

여기서 드실 건가요 싸가실 건가요?
For here or to go?
폴 히얼 오얼 투 고우?

기타 요구

얼음물 갖다 주시겠어요?
Can you bring me ice water?
캔 뉴 브링 미 아이쓰 워럴?

저는 이것을 주문하지 않았습니다.
I didn't order this.
아이 디든트 오럴 디쓰.

한 스푼을 더 원합니다.
I want one more spoon.
아이 원트 원 모얼 스푼.

포크를 가질 수 있나요?
Can I get a fork?
캔 나이 게 러 폴크?

나가기

나머지를 싸줄 수 있나요?
Can you put the rest in a doggie bag?
캔 뉴 퓥 더 뤠스트 너 더기 백?

계산서 부탁합니다.
Can I have the check(/bill)?
캔 나이 해브 더 쳌(/빌)?

계산서가 잘못됐네요.
It's wrong on the bill.
잋츠 륑 온 더 빌.

쇼핑

일반

얼마인가요?
How much is it?
하우 머취 이ㅈ 잍(ㅌ)?

도와드릴까요?
Can I help you?
캐 나이 헬 퓨?

그냥 구경하는 거예요
I'm just looking.
암 줘ㅅㅌ 룩킹.

열려(/닫혀)있습니다.
It's open(/closed).
잍ㅊ 어픈(/클로우ㅈㄷ).

엘리베이터는 어디인가요?
Where is the elevator?
웨어 리ㅈ 디 엘리베이럴?

곧바로 가시면 됩니다.
Go straight ahead.
고우 ㅅ트뤠잍(ㅌ) 어헤ㄷ.

추천해주실 수 있나요?
Can you recommend?
캔 뉴 뤠커멘ㄷ?

쇼핑하기 좋은 곳을 한 군데 소개해주실래요?
Can you recommend a good place for shopping?
캔 뉴 뤠커멘 더 굿 플레이ㅆ 폴 샤핑?

그것이 더 낫네요(/더 나쁘네요).
It's better(/worse).
잍ㅊ 베럴(/월스).

천천히 구경하세요.
Take your time.
테잌 큐얼 타임.

향수 있습니까?
Do you have perfume?
두 유 해브 펄퓸?

냉동식품은 어디에 있나요?
Where is the frozen goods?
웨어 리ㅈ 더 프로우즌 굿ㅈ?

그것은 7층에 있습니다.
It's on the 7th floor.
잍ㅊ 온 더 쎄븐ㄸ 플로얼.

의류

입어봐도 될까요?
Can I try on?
캐 나이 트라이 온?

이것은 여성용(/남성용)인가요?
It is for women(/men)?
잍 리ㅈ 폴 위민(/멘)?

저한테 안 맞아요.
It doesn't fit me.
잍 더즌ㅌ 핕 미.

제 크기를 모릅니다.
I don't know my size.
아이 돈ㅌ 노우 마이 싸이ㅈ.

결제

영수증 주실래요?
Can I get a receipt?
캐 나이 게 러 뤼씨잍(ㅌ)?

이 신용카드로 결제할 수 있나요?
Can I use this credit card?
캐 나이 유ㅈ 디ㅆ 크레딭(ㅌ) 카알ㄷ?

가방 하나 더 가질 수 있나요?
Can I get a more bag?
캐 나이 게 러 모얼 백?

가격을 좀 깎아주시겠어요?
Can you give a discount?
캔 뉴 기 버 디ㅆ카운ㅌ?

이걸 선물용으로 포장해 주시겠어요?
Can you gift-wrap this?
캔 뉴 기ㅍㅌ-랩 디ㅆ?

여행자 수표도 받습니까?
Can you accept traveler's check?
캔 뉴 억쌥ㅌ 트래블럴ㅅ 췍ㅋ?

세금 할인 증서를 원합니다.
I want the tax refund.
아이 원ㅌ 더 택ㅆ 뤼펀ㄷ.

거스름돈을 덜 주셨어요.
I was short-changed.
아이 워ㅈ 숄ㅌ-췌인쥐ㄷ.

환불하고 싶습니다.
I want a refund.
아이 원 터 뤼펀ㄷ.

관광지

일반

지도를 갖고 싶습니다.
I want to have a map.
아이 원 투 해버 맵(ㅍ).

유명한 장소는 어디인가요?
Where is the popular place?
웨어 리즈 더 파퓰럴 플레이ㅆ?

쉬어도 되나요?
Can I take a rest?
캐 나이 테이 커 뤠스트?

담배 빌려주실 수 있나요?
Can I borrow a cigarette?
캐 나이 바로우 어 씨거뤨(ㅌ)?

전화 사용할 수 있나요?
Can I use your phone?
캐 나이 유즈 유얼 포운?

오늘 날씨를 알고 싶습니다.
I want to know today's whether.
아이 원 투 노우 투데이즈 웨덜..

ATM을 사용하고 싶습니다.
I want to use the ATM.
아이 원 투 유즈 디 에이티엠.

시간을 알고 싶습니다.
I want to know the time.
아이 원 투 노우 더 타임.

제 것이 아닙니다.
It's not mine.
잋ㅊ 낱 마인.

그것은 언제 닫나요(/여나요)?
When is it closed(/open)?
웨 니즈 잍(ㅌ) 클로우ㅈㄷ(/어픈)?

점심은 언제인가요?
When is lunch?
웨 니즈 런취?

식당을 추천해주실래요?
Can you recommend a restaurant?
캔 뉴 뤠커멘 더 뤠ㅅ터롱ㅌ?

제 자리를 맡아주실래요?
Can you keep my seat?
캔 뉴 킵 마이 씨잍(ㅌ)?

사진

사진 한 장 찍어 주실래요?
Can you take a picture?
캔 뉴 테이 커 픽춸?

당신과 사진 찍을 수 있을까요?
Can I take a picture with you?
캐 나이 테이 커 픽춸 윋쥬?

사진을 현상하고 싶습니다.
I want to develop this film.
아이 원 투 디벨룹(ㅍ) 디ㅆ 피음.

배터리를 다 썼어요.
My battery is dead.
마이 배러리 이ㅈ 데ㄷ.

결제

이 쿠폰을 쓸 수 있나요?
Can I use this coupon?
캐 나이 유즈 디ㅆ 큐판?

저는 두 장을 원합니다.
I want two tickets.
아이 원 투 티킽ㅊ.

그것을 원하지 않아요.
I don't want it.
아이 돈ㅌ 원팉.

관람

공연(/행렬)은 언제인가요?
When is the show(/parade)?
웨 니즈 더 쇼우(/퍼뤠이드)?

매표소는 어디인가요?
Where is the ticket office?
웨어 리즈 더 티킽 러피ㅆ?

가장 싼 표를 원합니다.
I want the cheapest ticket.
아이 원 더 취퍼ㅅㅌ 티킽(ㅌ).

그것은 아이들을 위한 것입니다.
It's for children.
잋ㅊ 폴 췰ㄷ런.

한 시간에 얼마인가요?
How much is it for an hour?
하우 머취 이ㅈ 잍(ㅌ) 포 뤈 아월?

기타

위급상황

제 신용카드를 분실했습니다
I lost my credit card.
아이 러ㅅㅌ 마이 ㅋ뤠딭 칼ㄷ.

제 비행기를 놓쳤습니다.
I missed my flight.
아이 미ㅆㅌ 마이 플라잍(ㅌ).

지갑을 잃었습니다.
I lost my wallet.
아이 러ㅅㅌ 마이 월릩(ㅌ).

경찰에 전화해주세요.
Call the police.
컬 더 펄리ㅆ.

저는 여행자 보험이 없습니다.
I don't have a travel insurance.
아이 돈ㅌ 해 버 ㅌ뤠블 인슈어런ㅆ.

전화

한국에 전화하고 싶습니다.
I want to call Korea.
아이 원 투 컬 커뤼아.

전화를 빌릴 수 있을까요?
Can I borrow the phone?
캐 나이 바로우 더 포운?

언어를 바꾸고 싶습니다.
I want to change the language.
아이 원 투 췌인쥐 더 랭귀쥐.

공중전화는 어디에 있나요?
Where is the payphone?
웨어 리ㅈ 더 페이포운?

통화 중입니다.
The line is busy.
더 라이 니ㅈ 비지.

응답이 없습니다.
There's no answer.
데얼ㅈ 노우 앤썰.

잘못 거셨습니다.
You have the wrong number.
유 해ㅂ 더 뤙 넘벌.

잠깐만 기다려 주세요.
Hold on, please.
홀 돈, 플리이ㅈ.

병원

의사가 필요합니다.
I need a doctor.
아이 니 더 닥털.

저는 아픕(/춥습, 어지럽)니다.
I'm sick(/freezing, dizzy).
암 씩(ㅋ)(/프리징, 디지).

제 머리가 아픕니다.
My head is sick.
마이 헤ㄷ 이ㅈ 씩(ㅋ).

우체국

이 편지(/소포)를 서울로 붙이고 싶습니다.
I want to send a letter(/parcel) to Seoul.
아이 원 투 쎈 더 레럴(/팔쓸) 투 써울.

우표를 사고 싶습니다.
I want to buy stamps.
아이 원 투 바이 ㅅ탬ㅆ.

환전

이것을 유로로 교환해 주시겠어요?
Can I exchange this for Euros?
캐 나이 익ㅆ췌인쥐 디ㅆ 폴 유로우ㅈ?

How do you like your money?
현금을 어떻게 드릴까요?
하우 두 유 라잌(ㅋ) 유얼 머니?

10유로짜리 5장, 나머지는 동전으로요.
Five tens and the rest in coins.
파이ㅂ 텐ㅈ 앤ㄷ 더 뤠ㅅㅌ 인 코인ㅈ.

미용실

이발해 주세요.
I want a haircut.
아이 원 터 헤얼컽(ㅌ).

머리를 다듬고 싶습니다.
I want to trim my hair.
아이 원 투 ㅌ륌 마이 헤얼.

저 남자처럼 보이게 잘라주세요.
I want to look like him.
아이 원 투 룩(ㅋ) 라이ㅋ 힘.

수준 인문 영어 읽기 어려운 수준 | **초급** 초등학생~중학생 수준 | **중급** 중학생~고등학생 수준 | **고급** 대학생~영어 전공자 수준

말하기·쓰기

5,000명이
아빠표 영어!

이해표 영어! 누구든
8문장으로 끝내는
우리말부터 영어회화
음성강의 포함

8시간에 끝내는
기초영어 미드천사
<영포자 패턴>
음성강의 포함

8시간에 끝내는
기초영어 미드천사
<기초회화 패턴>
음성강의 포함

단단 기초
영어공부 혼자하기
음성공부 혼자하기

6시간에 끝내는
생활영어 회화천사
<5형식/문장독해사>
음성강의 포함

6시간에 끝내는
생활영어 회화천사
<전치사/접속사/
조동사/의문문>
음성강의 포함

영어원서
만년 다이어리

이상한 나라의 앨리스
영어 원서공부

4시간에 끝내는
영화영작
<기본패턴>

4시간에 끝내는
영화영작
<음성패턴>

4시간에 끝내는
영화영작
<완성패턴>

TOP10
영어회화
음성강의 포함

읽기

TOP10영어공부
음성강의 포함
영단어 카페에서
책무료 제공
0dada.co.kr

2시간에 끝내는
한글영어 발음천사
음성강의 포함

중학영어
독해비급

고등영어
독해비급

수능영어
독해비급
2023년 출간예정

잠언 영어성경

토익파트7
독해비급
2024년 출간예정

TOP10
영어성경
음성강의 포함

TOP10
영한대역 단편소설

1500
ISBN: 979-11-87158-42-4 (14740)

모든 책의 본문 전체를 읽어주는
"와이미MP3"를 담았기에,
말하기/듣기/훈련이 가능합니다.
대부분의 책에 MP3 음원을 제공하니
우리말과 영어를 포함하기에,
혼자서도 익힐 수 있습니다.
한 번에 여러 권을 사지 마시고,
한 권을 끝내면서 2년~5년 뒤에,
다음 책을 사는 것을 추천합니다.

스티브 잡스

1

배송비
절약 문고

핵심만 빠르게

스탠퍼드 대학교 졸업

연설문
영어 쉐도잉

오 헨리의 20년 후 단편소설

1500ω

Mike
Hwang
지음

Miklish